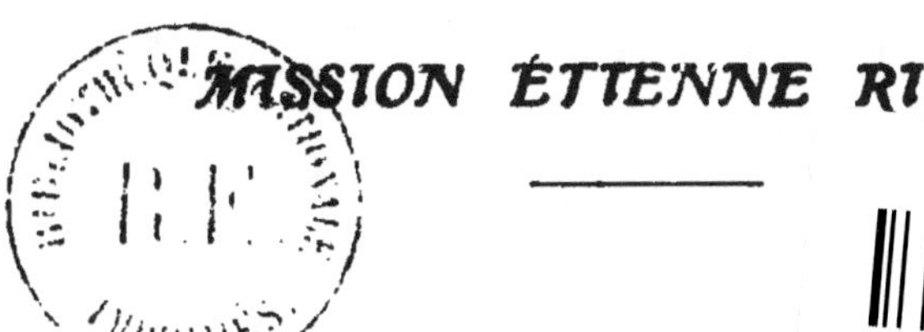

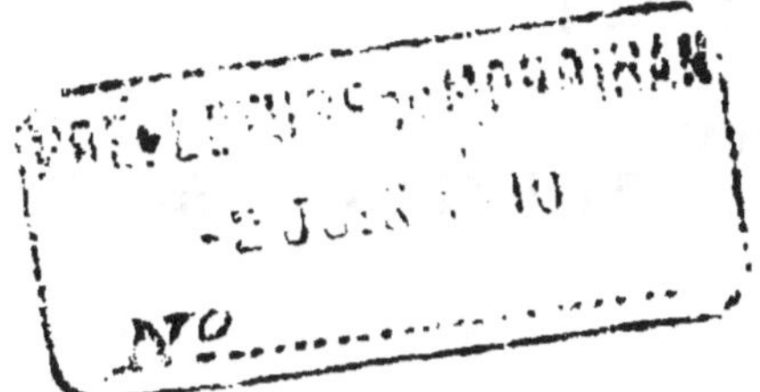

NOTRE ŒUVRE AU CONGO

Rapport adressé à M. le Ministre des Colonies

Par ÉTIENNE RICHET

Chargé de Mission

Membre de la Société de Géographie

NOTRE ŒUVRE AU CONGO

NOTRE OEUVRE AU CONGO

Rapport adressé à M. le Ministre des Colonies

Par ÉTIENNE RICHET

Chargé de Mission

Membre de la Société de Géographie

La France au Congo

Les erreurs et les fautes qui portent sur la politique coloniale d'un pays n'ont souvent qu'une répercussion lointaine. Qu'un gouvernement, par imprévoyance, compromette les finances ; que, sous le coup de diverses menaces,
il brise de ses propres mains les ressorts de l'Etat, mette
le désordre dans l'administration, et détruise le principe
d'autorité : bientôt les résultats d'une conduite aussi imprudente éclatent à tous les yeux, et l'anarchie qui dévore le
budget, qui fait succéder au sentiment général de la sécurité je ne sais quel malaise, je ne sais quelle crainte de
l'avenir, avertit le pouvoir du danger dont il est menacé.
Mais, pour la politique coloniale les choses ne vont point
avec cette rapidité ; plus la maladie est profonde et tend à
devenir mortelle, plus les symptômes en sont lents à frapper les regards d'une foule distraite et d'homme d'état
aveuglés.

La France a traversé au cours du siècle dernier des crises
intérieures aussi nombreuses qu'en apparence meurtrières.
Après chacune de ces épreuves, elle s'est relevée avec une
étonnante rapidité ; le travail, l'épargne, la sagesse l'ont
sauvée bien vite de ses plus grandes folies. Il ne lui a jamais
fallu beaucoup d'années pour se remettre d'une révolution.
Les esprits les plus conservateurs, les plus ennemis des

violences, sont bien obligés de reconnaître que notre pays a fait d'immenses progrès au milieu de troubles qui auraient anéanti un peuple moins solidement constitué pour l'existence. Nous ne voulons point dire assurément que ces troubles aient favorisé sa croissance ; ils l'ont, au contraire, singulièrement retardée, et l'on ne peut penser sans douleur à ce que serait la France si elle s'était toujours développée comme aujourd'hui dans le calme et dans la liberté. Mais enfin, malgré tout, elle n'a pas déchu au dedans ; elle a même grandi d'une marche constante, bien que saccadée.

La cause de cette puissance de réaction qui, à l'intérieur redresse presque immédiatement notre pays après chacune de ses chutes, réside dans cette promptitude avec laquelle se manifestent les dangers d'une mauvaise politique. En présence d'un péril évident, pressant, immédiat, on cherche sans retard à le conjurer, et l'on y arrive : la nation, qui se sent atteinte, se met au régime, et, comme son tempérament est admirable, la guérison n'est jamais lente. Mais, dans la politique coloniale, il semble que rien ne fasse prévoir les catastrophes ; en sorte qu'on ne prend aucune mesure pour les éviter et qu'on ne cherche à les prévenir que lorsqu'elles ont éclaté. Il n'est plus temps. Le coup est porté. C'est ce qui est arrivé au Congo dont les pouvoirs publics se sont désintéressés trop longtemps.

Depuis l'époque où Savorgnan de Brazza, opposant la ruse italienne au bluff britannique de Stanley, agitait sous son nez le traité passé avec un pauvre chef de village ; depuis l'époque où l'explorateur de l'Ogoué, jouant du « Macoco » avec une maîtrise rare, faisait ratifier ce traité par les chambres, la colonie ne s'est imposée à l'attention métropolitaine que dans des circonstances particulièrement défavorables. Comme l'a très justement noté M. Henri Lorin, après avoir été un vague pays d'exploration, puis (à l'époque des concessions) une carrière suspecte de fortunes capitalistes », le Congo est devenu et est resté par la suite, dans nos esprits, le théâtre de scandales passionnément commentés dans la presse européenne.

Or, le Congo vaut mieux que sa réputation. Et, à l'heure

où la France semble vouloir y faire œuvre sérieuse de colonisation, il ne nous paraît pas inutile de dégager les responsabilités de chacun et, aussi, de dire brièvement ce que devrait être là-bas notre politique. Il est intéressant de fixer nettement le but vers lequel doivent tendre nos efforts. Cela est d'autant plus nécessaire que, jusqu'en 1903, ce qui a fait le plus défaut à notre action, c'est la claire et précise vision des résultats à atteindre. Et nous nous demandons quel esprit de suite a pu diriger notre politique en songeant que, pendant près de vingt ans, le pouvoir n'a pas été exercé *effectivement*. Dans un rapport officiel que nous avons eu sous les yeux, on a pu dire très exactement « qu'il a été impossible de reconstituer les comptes réels des budgets antérieurs à 1898 ». Seules les recettes réalisées pendant cette longue période sont connues. « Quant aux dépenses, il a été matériellement impossible de savoir à quels exercices elles se rapportaient. » Tout ce qu'on a pu constater, à partir de 1898, c'est que chaque exercice léguait au budget suivant des charges qui, finalement, se sont soldées par un déficit de quatre millions.

Pour donner une idée de l'anarchie qui régnait avant l'arrivée de M. Gentil, nous devons encore citer ceci, tiré du même rapport : « Faute de renseignements sur le nombre d'agents européens ou indigènes en service dans le haut pays, on ne pouvait connaître à quel moment prendrait fin une situation aussi inquiétante. Aussi a-t-il fallu plus de cinq ans pour assurer tous les comptes et deux nouvelles années pour liquider les dettes du territoire du Tchad ».

Ainsi, pendant près de vingt ans, ceux qui ont eu le périlleux honneur de tenir le gouvernail dans ce grand pays où s'agitaient tant d'intérêts, où se débattaient des questions si complexes, n'ont pas connu le nombre de leurs agents, ni le chiffre de leurs dépenses budgétaires !

Tous ceux qui s'intéressent aux questions coloniales comprennent que ce qui manque au Congo pour le mettre en valeur, ce ne sont pas les bras ; ils sont plus nombreux qu'on ne croit. Ce ne sont pas davantage les capitaux, puisque à l'époque des concessions territoriales, nous avons institué sur un pays encore inexploré une expérience de colonisation engageant plus de cinquante millions — ce qui lui manque (et cela se conçoit après de tels errements) c'est la confiance de la nation dans son développement économique.

Pris dans son ensemble, ce pays possède des ressources latentes qu'il dépend de nous de mettre en valeur. Malheureusement, malgré tous les efforts de M. Gentil pour en améliorer le cadre, l'administration congolaise ne possède guère, à l'heure présente, que des fonctionnaires de second ordre. Lorsque, par hasard, nous envoyons dans notre Afrique équatoriale des sujets d'élite, il n'y restent pas. C'est la fatalité de notre temps de dévorer les hommes, sans leur laisser le temps de remplir leur destin. Depuis que nous avons tenté de grandes aventures, tout a changé, les institutions, les mœurs, la configuration du monde. Dix fois, dans un quart de siècle la scène publique s'est renouvelée, et dans ce flux ou ce reflux des choses, que de forces perdues, de destinées manquées et d'espérances trahies ! Combien d'hommes qui semblaient faits pour être les guides de notre politique coloniale, qui ont eu même leur moment de règne et qui, jouets des inconstances de la fortune, ont été rejetés par une démocratie soupçonneuse.

Avant M. Gentil, ses prédécesseurs immédiats — que leur nom reste à jamais plongé dans le néant dont ils n'auraient jamais dû sortir — sont arrivés avec des vues personnelles plus ou moins étroites et totalement ignorants des colonies qu'ils allaient gouverner. Ils se sont mis à les étudier avec des yeux de myopes, et cette étude a duré des années — après quoi ils sont partis. A vrai dire, il faut chercher là, nous ne dirons pas la cause de nos échecs, mais de la déplorable lenteur de nos progrès.

Pour remédier à ce mal, il faudrait que la métropole fixât elle-même au gouverneur général — et cela d'une façon précise — les grandes lignes de la politique qu'elle entend suivre ; il faudrait que ce plan fût soumis aux Chambres, sanctionné par leur vote et échappât désormais à toute modification ; il faudrait que mandat fût donné au dépositaire des pouvoirs de la République, de l'exécuter sous son entière responsabilité. En agissant ainsi, on éviterait les à-coups, les fausses manœuvres, les changements de direction qui compromettent notre œuvre. Ce jour-là — mais ce jour-là seulement — on pourra entreprendre la réalisation du vaste et consciencieux programme économique conçu par M. Gentil; on pourra posséder une administration qui, sans prétention apparente, sans ostentation, sans bruit, s'insinuera avec discrétion, mais avec fermeté et persévérance, étendra une main souple et légère sur les divers services publics, les soumettra peu à peu à son empreinte; on pourra enfin user de cette méthode excellemment éducatrice qui, faisant entrer le temps dans ses calculs, consiste à modifier le caractère de peuplades barbares en formant leur esprit par les procédés dont un homme fait usage à l'endroit d'un enfant. Comme résultat d'une heureuse politique nous connaîtrons bientôt une paix que rien ne troublera plus, une cordialité de rapports entre les nouveaux venus, les dominateurs européens et la grande masse des habitants.

Si nous sommes fixés sur l'étendue des territoires qui formeront, à bref délai, le gouvernement général de l'Afrique équatoriale française, nous ignorons encore le chiffre exact de la population qui peut varier de neuf à douze millions d'habitants. Il semble que nous ayons craint, au début, d'occuper toute la contrée, et c'est pourquoi le Congo constitue une exception dans notre vaste domaine colonial. Il n'est pas seulement l'unique colonie qui n'ait rien coûté à conquérir et celle pour laquelle la France n'ait fait aucun sacrifice d'hommes; il est également la seule de nos possessions dont on ait essayé la mise en valeur par de grandes sociétés concessionnaires.

Quand on veut coloniser un pays, il faut l'occuper d'abord, lui donner l'outillage économique indispensable et aussi se rendre compte avec exactitude du genre précis de colonisation qui convient à la fois à la contrée soumise et à la race colonisatrice.

Il y a bien des sortes de colonies; mais on peut les ramener à trois types principaux dont les dénominations sont depuis longtemps familières à tous ceux qui ont quelque connaissance de cet intéressant sujet : les comptoirs, comme l'ancienne chaîne des postes portugais autour de l'Afrique, comme aujourd'hui encore Aden, Singapour et Hong-Kong; les pays de peuplement tels que le Canada, l'Australie, la Nouvelle-Zélande; enfin, les colonies d'exploitation où la race supérieure dirige la race inférieure, fournit les capitaux, met au jour les richesses naturelles, transforme par un état-major d'administrateurs, d'ingénieurs, de capitalistes, de commerçants, de professeurs, de contremaîtres, des contrées restées longtemps pauvres faute d'initiative et de ressources matérielles accumulées chez les habitants en une contrée prospère. L'Indo-Chine, Madagascar, l'Afrique Occidentale, avec des degrés différents de succès et l'application de méthodes tantôt justes, tantôt défectueuses, offrent des exemples divers de ce genre de colonisation.

Les conditions de notre prise de possession du Congo devaient nous induire à faire de notre nouvelle dépendance africaine une colonie d'exploitation en nous établissant surtout, comme des protecteurs, chez des peuplades dont la soumission avait été, somme toute, assez prompte ; nous ne pouvions penser à les spolier. C'est par voie d'infiltration lente que nous pouvions introduire, au milieu d'elles, un certain nombre de nos nationaux, non pas par une immigration officiellement encouragée et subventionnée, *ni par la constitution arbitraire de groupes européens au milieu de la population indigène.* Developper avec nos capitaux et nos forces morales, à l'avantage des populations indigènes et de la France, les richesses du pays, voilà quel devait être notre programme initial. L'avons-nous appliqué à la lettre ? Point. Nous avons créé en 1899 le système concessionnaire. Nombre de Français, munis de sérieux capitaux accoururent au Congo ; la plupart, comme toujours en pareil cas, étaient avides de rapides fortunes ; ils ne furent pas toujours scrupuleux sur le choix des moyens. Et leurs spéculations n'eurent pas le prompt succès qu'ils en attendaient.

Près de dix ans sont passés et l'on est en droit de se demander aujourd'hui : les sociétés concessionnaires ont-elles contribué à la mise en valeur de la colonie? Doit-on leur attribuer une part dans l'amélioration financière ? **Une autre** part dans l'augmentation du mouvement commercial avec la métropole ? Ont-elles enfin joué un rôle vraiment civilisateur ?

Cette dernière question est particulièrement difficile à résoudre : avant l'arrivée des concessionnaires le commerce, à peu près nul, était représenté dans le haut pays par une maison hollandaise qui avait des comptoirs à Ouesso, Bonga, Ouadda et dans le Haut Oubangui.

Dans la Sanga et dans l'Oubangui, le vol et l'anthropophagie, étaient pratiques coutumières, les guerres entre villages continuelles. Comme l'a fait observer M. Gentil, dans son rapport d'ensemble de 1906, c'est dans ces lointaines contrées, où n'existaient aucune autorité administrative, que vinrent s'installer les premiers agents des sociétés concessionnaires. La plupart ignoraient la langue et les mœurs du pays. Sans expérience aucune des choses coloniales, ils étaient mal préparés au rôle délicat qu'ils avaient à remplir. Aussi n'est-il pas étonnant que des abus et des excès aient été commis. L'indigène se voyant privé par les nouveaux venus de son rôle d'intermédiaire n'hésita pas à recourir à la violence pour se débarrasser de ses concurrents sans autre raison parfois que le désir de s'emparer de ses marchandises. Des représailles s'ensuivirent et, en bien des cas, des troubles graves en furent la conséquence.

L'administration dont les caisses étaient à peu près vides, ne pouvait intervenir efficacement, et cet état d'anarchie se prolongea trop longtemps.

Peu à peu, néanmoins, on put établir des postes. Les directions des sociétés firent un choix dans leur personnel ; l'indigène prit confiance, les guerres de tribu à tribu diminuèrent, et, par suite, l'anthropophagie. Enfin, si l'on eut à déplorer encore quelques excès individuels — comme l'assassinat de M. Edouard Vasseur, dans la Sanga — il est incontestable que de sérieux progrès furent réalisés.

Au Gabon, par contre, on ne peut pas en dire autant. Et, la cause principale provient du manque de moyens de communication. Cette colonie ne possède aucune voie fluviale réellement navigable. La main-d'œuvre y est rare ; les importations et les exportations limitées. Il en sera d'ailleurs ainsi tant que le pays ne sera pas doté d'une voie ferrée qui, en supprimant le portage, permettra aux indigènes de recevoir à des prix acceptables les marchandises d'Europe, à l'administration la surveillance effective de toutes les régions, aux colons de tirer le profit légitime de leurs efforts répétés.

Les Sociétés concessionnaires ont contribué à la mise en valeur du pays, ce n'est pas douteux. Les chiffres, qui ont une éloquence brutale, démontrent surabondamment qu'une transformation économique s'est accomplie en quelques années. Mais, n'est-on pas en droit de craindre aussi que ce mouvement ascensionnel ne persiste pas longtemps? Quoi qu'en pensent certains optimistes, les réserves de caoutchouc ne sont pas inépuisables. Et il serait excellent, pour sauvegarder l'avenir, d'exiger des concessionnaires la création de plantations destinées à remplacer les lianes détruites par une exploitation intensive.

Les sociétés se considèrent volontiers comme étant l'élément principal de l'amélioration des finances. Ce serait commettre une lourde erreur que de les suivre sur ce terrain.

Les concessionnaires ne se sont pas seulement installés en pays neuf, ils se sont aussi, sur certains points, substitués à des groupes existants. Et cette substitution n'a pas donné partout d'heureux résultats. A la côte, notamment, elle a eu pour conséquence une perte annuelle de 100.000 francs de droits de douane, et dans l'Oubangui, il n'est pas prouvé que les sociétés qui commerçaient dans le haut-pays n'auraient pas obtenu de meilleurs résultats.

Il serait plus sérieux, au point de vue budgétaire, de favoriser les industries extractives. Au cours de ces dernières années l'administration a été saisie de plusieurs demandes de permis d'exploration minière et les renseignements fournis par les explorateurs et les savants permettent aujourd'hui de se former une idée suffisamment nette de la géologie du pays. Celle-ci est assez simple dans son ensemble, mais ne peut encore être définie dans le détail, par suite notamment de l'existence de vastes forêts, de nombreux marécages et de décompositions superficielles qui recouvrent sur de grandes étendues les roches du pays. Si l'on considère que dans des contrées comme l'Europe centrale et occidentale, dont la constitution géologique est si bien connue et étudiée, l'ère des découvertes minières n'est pas close, on comprend que quantité de problèmes capitaux, pour la solution desquels on ne possède aujourd'hui que des observations incomplètes restent encore à résoudre au Congo. Cependant, on peut à bon droit se féliciter des découvertes dues à l'initiative privée et faites en si peu d'années. Elles ont abouti, sur de nombreux points du territoire, à des résultats précis ou fourni des indices miniers suffisants pour faire concevoir de grandes espérances.

Au point de vue géologique, on peut se représenter le bassin du Congo comme une immense cuvette, dont le centre est occupé par des roches d'allure horizontale, formées de grès divers que l'on rapporte actuellement à la période permotriasique, à laquelle appartiennent les dépôts de charbon du Transvaal. Ces roches viennent s'appuyer, sur tout le pourtour, contre des couches fortement plissées dont l'allure est principalement due à la présence, sur toute la périphérie du bassin, de roches granitiques et archéennes entrecoupées de roches éruptives.

Il est permis d'envisager la découverte de dépôts de combustibles dans les couches du Congo comme il en existe dans les régions de l'Afrique du Sud.

A Mindouli ce sont surtout des gisements métallifères qui ont été reconnus jusqu'à ce jour. C'est le fer qui, en amas énormes, se présente dans l'Oubangui ; le cuivre découvert principalement au Moyen-Congo, s'y trouve en gîtes d'une grande importance.

Les conditions d'exploitation de ces mines, d'après les rapports des ingénieurs et des prospecteurs qui ont parcouru en tous sens la région minière, se présentent sous un aspect des plus favorables. Il ne manque à cette partie intéressante du territoire, pour sa mise en valeur, que des voies de communication de grande capacité.

Pour le moment, les entreprises industrielles sont assez restreintes en nombre et en importance, et il est naturel qu'elles le soient. L'industrie n'est pas la première forme du développement économique d'un pays : il faut que l'agriculture la précède. Quand la production des champs est abondante, qu'elle offre un excédent notable sur les besoins d'alimentation du pays; quand, en outre, la population est devenue assez dense, l'industrie peut apparaître avec ses usines, ses machines, toute sa mise en œuvre perfectionnée, exigeant tant de concours divers. Il est chimérique d'espérer en hâter artificiellement l'avènement. C'est donc par l'agriculture que, comme tout pays dont le territoire est fertile et très étendu relativement au nombre des habitants, le Congo doit commencer à grandir. Notre Afrique équatoriale doit être d'abord une colonie agricole; quand elle sera fort avancée sous ce rapport, elle pourra devenir aussi une contrée industrielle.

Les ressources du Congo pour la culture sont variées et abondantes ; les conditions sociales ne constituent plus aucun obstacle sérieux à la mise en valeur. Le sol, dans les diverses parties de nos possessions, se prête à presque toutes les cultures riches. Il faut souhaiter que les capitalistes de la métropole ne restent pas insensibles à toutes ces promesses.

La grande séduction, toutefois, c'est le caoutchouc. Que de fois, depuis dix ans que nous parlons de ce produit avec des colons africains, avons-nous constaté combien cet enchanteur sait prendre possession des imaginations des hommes les plus positifs. Aucune déception, aucune expérience ne parvient à refroidir leur zèle : ni les difficultés de transport, ni la baisse ruineuse, ne font impression sur leur esprit. Qu'était le pot-au-lait de la Fontaine à côté de quelques *Landolphia* et *Clitandra*? Il n'est pas de producteur qui n'ait la tête de Perrette. Parlez à un colon d'un revenu de 10, 12 ou 15 pour cent du capital engagé, il levera les épaules et ne se tiendra pas pour satisfait du double. C'est que, quels que soient la science, les soins du représentant de société, la cueillette du caoutchouc participe de la loterie. On a en perspective des gains illimités. En passant en Afrique, les Normands et les Gascons se sont exaltés ; ils voient double ou triple. La passion du caoutchouc sévit et sévira encore en Afrique équatoriale, et ce n'est pas un mal, à la condition expresse que ceux qui s'y adonnent ne confient pas toute leur fortune à cette production.

On doit reprocher à l'administration de n'avoir pas suffisamment secondé le développement agricole de nos possessions. Si Libreville possède un jardin d'essai, excellemment dirigé, mais pourvu de crédits dérisoires et d'un personnel insuffisant, celui de Brazzaville, créé en 1900, a été totalement abandonné. Et ce fait, que nous avons tenu à signaler, nous a paru fort regrettable.

Après le caoutchouc, comme autres produits de cueillette, il convient de citer : la noix de Kola (Kola Ballayi), fort recherchée par les indigènes ; la gomme copal fournie par le trichylobium Hornemannium, les résines employées par les indigènes pour la préparation des torches, les bananes si utiles au point de vue alimentaire et surtout les bois précieux.

Les forêts constituent une mine inépuisable pour le commerce du bois. On y trouve des essences précieuses comme l'ébène, très abondant dans les régions de l'Ogoué et du Fernan-Vaz, l'okoumé qui sert à la construction des pirogues, le santal rouge. Ces bois font actuellement l'objet de l'exportation la plus importante. Mais comme ils sont difficilement transportables (car ils ne peuvent flotter) il y aurait grand avantage à les débiter sur place.

Au cours de ces dernières années, le mouvement commercial a suivi une marche ascendante :

	Francs		Francs
1902	12.700.000		
1903	16.916.319	+	4.200.000
1904	21.193.603	+	4.200.000
1905	24.311.891	+	3.100.000
1906	29.554.466	+	5.200.000
1907	35.950.521	+	6.400.000

La progression a été rapide et continue. Alors que la moyenne quinquennale précédente (1897-1901) était de

13 millions, la dernière (1902-1906) est de 21 millions, ce qui représente une augmentation de 40 %. Voilà des chiffres qui prouvent éloquemment que, si l'on suivait au Congo une politique raisonnée et raisonnable, on arriverait à des résultats merveilleux.

En 1906, le commerce se divisait ainsi :

Distinction ou provenance.	Importations	Exportations	Total
	francs	francs	francs
Avec la France ou nos colonies.	5 507.624	5.670.995	11.178.289
Avec l'étranger.	7.586.016	10.790.161	18.378.177
Total . .	13.586.620	16.460 826	29.554.466

Les importations forment 45 % et les exportations 55 % du commerce total et la part du commerce de la France ou des colonies françaises est de 37 %.

Les recettes douannières de 1906 à 1907 se décomposent ainsi :

Colonie	1906	1907	Différence
francs	francs	francs	francs
Gabon.	1.357.418	1.327.454	— 29.964
Moyen-Congo . . .	1.041.178	1.147.179	+ 106.061
Oubangui-Chari-Tchad.	510 669		
Total. . . .	2.909.226	3.018.752	+ 109.426

Malgré l'occupation récente de la zone voisine de la Guinée Espagnole (ce qui provoque des excédents de perception à Libreville), les recettes générales du Gabon fléchissent. Celles du Moyen-Congo et de l'Oubangui-Chari progressent au contraire. Quant au territoire du Tchad, il est bien évident qu'il ne peut fournir encore que de très faibles récoltes, les régions situées au nord du 8°30) ne pourront exporter des produits en Europe que le jour où l'on utilisera la voie de la Bénoué. En outre, aucun poste de douane n'existant actuellement, les relations commerciales avec le Cameroun, le Ouadaï et la Tripolitaine échappent à tout contrôle.

Le budget général de 1908 peut être considéré comme un budget type servant de base pour l'avenir. Il permet à la fois de faire face aux dépenses de l'année courante, il laisse assez de disponibilités pour qu'on puisse sans inconvénient diminuer, d'année en année, la subvention métropolitaine et songer à un emprunt. Il s'équilibre en recettes et en dépenses à 4.774.000 francs. D'autre part, l'ensemble des budgets locaux du Gabon, du Moyen-Congo, de l'Oubangui-Chari-Tchad s'élève à 1.777.383. Si l'on ajoute les sommes payées par la métropole pour l'entretien des troupes on a :

Budget général	4.747.000	francs
Budget locaux	1.777.385	—
Troupes.	3 180 329	—
TOTAL	9.704.734	francs

Voici les totaux des principaux chapitres du budget général :

RECETTES

Contribution des colonies . . .	312.000	francs.
Subvention métropolitaine . . .	610.000	—
Recettes domaniales	875.000	—

DÉPENSES

Dettes	322.922	francs.
Administration indigène. . . .	1.882.961	—
Travaux publics	332.212	—

Les évaluations de 1907 à 1908 relatives aux budgets locaux sont les suivantes :

BUDGETS LOCAUX

Colonie	1907	1908	Différence
	francs	francs	francs
Gabon . . .	423.000	411.000	— 11.600
Moyen-Congo .	470.000	519.000	+ 49.000
Oubangui-Chari.	420 000	490 500	+ 70.500
Tchad . . .	302.000	356 485	+ 53 900
TOTAUX .	1.615.525	1.778 385	+ 161.860

IMPOT DE CAPITATION (PRÉVISIONS)

Colonie	1907	1908	Différence
	francs	francs	francs
Gabon . . .	200.000	200.000	+ 0
Moyen-Congo .	300.000	394.000	+ 94.000
Oubangui-Chari.	273.276	335.000	+ 61·724
Tchad . . .	210.000	256.485	+ 46.485
TOTAUX .	983.275	1 185.485	+ 202.209

REDEVANCES DES SULTANS

Baghirmi.	7 807 fr. 50
Dar Kouti (Snoussi)	16.777 —
Bangassou	27.000 —
Rafai.	18.008 —
Zémio	25 000 —
TOTAL.	94.585 francs.

Ces chiffres établissent très nettement que la situation du
Gabon, où nous sommes installés depuis 1839, reste station-
naire, tandis que celles du moyen Congo, de l'Oubangui-
Chari et du Tchad, progressent sensiblement. A qui la faute?
A l'administration qui paraît totalement se désintéresser de
nos droits et qui n'intervient presque jamais entre les commerçants et les indigènes. C'est à peine si, lorsque la nécessité s'en fait sentir, elle se décide à tenter des opérations
de police absolument inefficaces. Etonnez-vous après cela
que nous n'ayons sur la côte aucun prestige, alors qu'à l'intérieur, au moyen Congo et dans l'Oubangui, nous adminis-
trons, de loin en loin il est vrai, des tribus qui reconnaissent
notre autorité? Il en serait, évidemment, de même au Gabon,
si au lieu d'envoyer des bureaucrates pour le gouverner, on
mettait à la tête de cette colonie, un des vieux pionniers qui
ont contribué à la conquête de notre vaste domaine africain.
L'installation d'un poste définitif devrait toujours suivre de
très près les opérations militaires. Ainsi, il serait possible
lentement, méthodiquement, de conquérir le Gabon, car

personne n'ignore qu'à 12 kilomètres de la côte, nous n'exer-
çons aucune autorité.

Un autre fait déplorable et sur lequel il est indispensable
d'attirer l'attention publique est celui-ci : on a dû payer, à
titre d'indemnité, et en prélevant cette somme sur les caisses
de réserve, 1.500.000 francs aux maisons anglaises. En vérité,
pourquoi la métropole n'a-t-elle pas pris à sa charge la tota-
lité d'une aussi lourde créance ? N'est-ce pas M. Decrais,
ministre des colonies, qui, en signant les actes de concession
de 1899 a rendu nécessaire, par la suite, le versement de cette
somme ? Dans ces conditions, est-il juste que ce soit une
colonie pauvre entre toutes, qui paie les erreurs personnelles
d'un ministre ? Il serait à désirer pour la prospérité de nos
jeunes colonies que de tels faits ne se renouvellent plus :
C'est ce que pensent les fonctionnaires; c'est ce que disent
tout haut les colons.

Quoi qu'il en soit, la vitalité de nos possessions équato-
riales s'affirme puisque les comptes définitifs des budgets de
1906 ont permis — les caisses de réserve des budgets locaux atteignant le maximum — de verser dans les caisses du
budget général les sommes suivantes :

Moyen Congo.	24.443 fr.
Oubangui-Chari	209.061
Tchad	160.296
Total :	393.800 fr.

Les ressources budgétaires, en dehors de la subvention
métropolitaine, proviennent 1° des droits d'entrée et de
sortie ; 2° du produit des impôts et de taxes diverses ; 3° de
l'impôt indigène. La colonie traverse, à l'heure présente,
une crise trop intense, causée par la baisse presque subite
des cours du caoutchouc pour qu'il soit possible d'élever les
taxes actuelles. L'extension de l'impôt indigène apparaît dès
lors comme le seul moyen d'augmenter les ressources financières.

Malheureusement l'état d'émiettement et d'instabilité de
la majeure partie des populations, la facilité avec laquelle

elles peuvent se soustraire à la taxe, rendent très délicate la perception de l'impôt. Sauf dans la région des sultanats et sur quelques points de la frontière septentrionale ou sur les côtes du Gabon, les populations se distinguent par l'absence de toute organisation politique. Les villages ne reconnaissent que les féticheurs qui, trop souvent, en profitent pour terroriser les habitants. L'impénétrabilité de la forêt ne permet guère, en outre à notre autorité de s'exercer sur les indigènes que lorsqu'ils se rapprochent des centres.

En fait, la plus grande partie de la population échappe aujourd'hui à l'impôt et l'extension de nos mesures fiscales ne peut pratiquement se faire qu'en frappant ceux des indigènes qui viennent se fixer dans notre voisinage. Mais à agir de la sorte ne risque-t-on pas de les écarter et de retarder ainsi l'œuvre de la civilisation ? Ce n'est donc qu'après avoir ouvert une région nouvelle, qu'on pourra les imposer.

En Afrique Occidentale en utilisant les chefs indigènes pour le recouvrement de l'impôt on a obtenu des résultats remarquables et c'est de ce côté que nous devons chercher la solution du problème. Toutefois la mise en pratique de ce mode de recouvrement suppose que les populations auxquelles il s'agit de l'appliquer obéissent à un chef. Or, c'est l'exception au Congo. Dans la plus grande partie de sa surface, l'établissement de l'impôt doit être précédé d'une évolution et d'un stade préliminaires destinés à amener les populations à se fixer à demeure, à leur donner une organisation rudimentaire, enfin à leur faire accepter la charge de l'impôt en leur montrant quels avantages leur procurent, en retour, la présence de l'administration et des commerçants français.

Nous avons évalué à un chiffre global d'environ 9 millions la population de nos possessions de l'Afrique équatoriale. Voici à ce sujet quelques précisions qui nous sont fournies par le *Bulletin de l'Office Colonial* (février 1908).

D'après ce document le nombre des Européens ne serait

que de 1278. Quant aux indigènes, on en compterait, d'après
le document, 3.652.018 :

Gabon.	376.792
Moyen-Congo	259.485
Oubangui-Chari	2.130.000
Tchad.	885.465
TOTAL.	3.652.018

Le *Bulletin de l'Office Colonial* n'est pas d'accord avec le
Journal Officiel de la colonie qui, en décembre 1907, don-
nait comme chiffre approximatif 829.000 habitants, pour le
Moyen-Congo seulement, ce qui porte, d'après ces données
nouvelles, la population totale du Congo Français à 4.221
habitants.

Cette évaluation est très inférieure à la réalité. Le Gabon
et le Moyen-Congo possèdent 5, 10, 15 et 20 habitants au
kilomètre carré, au lieu de 1 et 2, comme l'affirme une statis-
tique fabriquée sans doute, dans les bureaux de Brazzaville.
Par contre, tous les explorateurs du haut pays savent qu'une
ligne tirée du confluent du M'bou et de l'Ouellé au Tchad
laisse au nord un pays peu peuplé où la densité varie entre
1 et 2 au kilomètre carré, tandis qu'au sud de cette ligne la
population atteint les mêmes chiffres de densité qu'au Gabon
et au Moyen-Congo.

Les chiffres de l'Oubangui-Chari sont de simples évaluations globales, erronées dans le détail. Ceux du Tchad où
des recensements ont été faits paraissent plus sérieux. Par
exemple, ni le Dar-el-Kouti, ni le Ouadaï et états tributaires
ne sont compris dans cette évaluation de 885.465 dont la
population s'élève, assure-t-on, à près de 400.000 habitants.

En résumé, la main-d'œuvre latente est donc beaucoup
plus considérable que ne l'indiquent les chiffres officiels et
c'est bien à neuf ou dix millions qu'il faut porter le nombre
des habitants de nos possessions. Il est à souhaiter que l'administration ouvre une vaste enquête sur cette question
intéressante entre toutes.

Le problème de la main-d'œuvre est capital et nous allons
l'étudier avec l'attention qu'il mérite. Mais qu'on nous per-

mette, avant tout, une observation qui nous a frappé, au cours de notre mission. Avant de rechercher si les indigènes peuvent être dirigés, faut-il encore savoir si nous possédons là-bas de bons directeurs. La grande propriété en France est tellement rare que ni la théorie, ni la pratique, ni les écoles, ni les exploitations n'ont formé une pépinière d'hommes qui aient des connaissances, de l'expérience et du caractère. Ce n'est pas une mince trouvaille que celle d'un homme ayant de l'instruction générale et une compétence spéciale, s'entendant à la culture, au bâtiment, à la comptabilité, au commerce et surtout au maniement des indigènes, qui ait un caractère ferme et souple, prévoyant et entreprenant, qui sache tenir en mains et diriger, sans faire fuir, deux cents noirs de tribus diverses et de tempéraments opposés, qui maintienne tout ce monde en haleine, qui voie à la fois le détail et l'ensemble, qui à la patience et à la persévérance joigne l'entrain. Tout cela est nécessaire pour la grande colonisation dans les pays neufs. Nous avons une école coloniale qui forme des administrateurs comme nous en aurons certainement, un jour au Congo ; nous ne possédons pas le moindre établissement qui produise de futurs directeurs d'entreprises coloniales. La difficulté pour les sociétés de rencontrer de bons représentants est et restera longtemps l'une des entraves de la colonisation française.

Capital, talent, travail, voilà les trois mots qui renferment les éléments nécessaires à une production perfectionnée. Les deux premiers étant trouvés, le troisième ne fera pas défaut. Sans être abondante, la main-d'œuvre ne manque pas. A la condition que les colons dispersent leurs efforts dans plusieurs zones de leurs concessions et ne la concentrent pas seulement sur un point précis, ils pourront se procurer, dans des conditions acceptables, des travailleurs.

En 1896 et 1897, l'administration, traitant avec des chefs, n'a-t-elle pas engagé quarante-cinq mille individus qui ont fourni le million de journées de travail nécessitées par le transport du personnel et du matériel de la mission Marchand ? Ne possédons-nous pas dans nos territoires aux populations si variées des Boubous et des Bakotas, agriculteurs laborieux ; des Yakomas industrieux ; des Banziris, pagayeurs infatigables ? Les indigènes feront, peu à peu, pourvu qu'on soit humain avec eux, les labeurs grossiers. Sans doute, ils sont perfectibles, mais ils ne sont pas non plus la proie de tous les vices, comme quelques négrophobes voudraient le faire croire. On ne peut pas compter absolument sur leur assiduité. Mais, au demeurant, ceux que nous occupons actuellement sont d'humeur docile. Par exemple, on doit renoncer à se servir d'eux pour des travaux qui demandent du soin et une certaine intelligence, surtout s'ils n'ont pas fait d'apprentissage spécial. Le malheur pour nous c'est que l'indigène coûte relativement trop cher. Un charpentier, un maçon se paie le même prix qu'en France ; un terrassier de 1 fr. 50 à 1 fr. 75, ce qui est excessif. L'organisation de la main-d'œuvre ne saurait être considérée comme définitive. Entre l'esclavage et le servage, il faut chercher une solution. Et cette solution, c'est M. Eug. Etienne qui l'a trouvée. « L'Etat, dit-il, a le droit de réclamer à l'indigène un impôt, et le noir qui n'a rien ne pourra l'acquitter qu'en travaillant ». Ce système excellent en soi remplirait les caisses de la colonie et fournirait aux concessionnaires qui en ont le plus besoin, soit la main-d'œuvre directe, soit les produits du travail indigène.

Toute production et tout commerce n'est possible qu'avec le concours de la main-d'œuvre indigène. Par atavisme le noir a peu de disposition au travail. Il ne demande au sol que ce qui est strictement indispensable à sa subsistance. Or, la fécondité de la terre, l'étendue des régions libres, le peu de travail qu'exige la culture, la clémence du milieu climatérique, tout cela réduit au minimum la somme d'efforts nécessaires ; quelques branches et quelques feuilles suffisent à l'abriter ; il n'a pas ou presque pas de vêtements ; la pêche, la chasse et quelques cultures rudimentaires lui donnent facilement la nourriture dont il a besoin ; son activité peut être tout au plus stimulée par le désir de se procurer des armes, des ornements, une femme ; mais une fois ces désirs satisfaits, il n'a qu'à se laisser vivre, il est heureux dans son oisiveté. On trouve des exceptions parmi les races plus avancées, comme celles de la côte, qui ont des besoins plus étendus à satisfaire et parmi la population des sultanats, jadis soumise à la domination arabe. Celles-ci ont été obligées au travail et ont fini par en prendre l'habitude ; mais, en règle générale, l'indigène ne demande qu'à être laissé à son ancienne existence ; aucun appât ne peut l'attirer à un travail de quelque importance et d'une certaine durée.

Dès le début, les Européens qui se sont installés au Congo se sont trouvés dans la nécessité de réclamer le concours des indigènes et aussi dans l'impossibilité de l'obtenir, tout au moins d'une manière permanente, par le jeu de l'offre et de la demande.

Ce n'est donc qu'en faisant du travail une obligation qu'on obtiendra la main-d'œuvre nécessaire pour mettre en valeur le pays ; c'est à ce prix seulement qu'on fera entrer la colonie dans le mouvement de la civilisation moderne et qu'on soustraira les peuplades qui l'habitent à l'état de barbarie.

Or, le seul moyen dont dispose l'administration pour obliger les indigènes au travail est d'en faire un impôt. Le principe en vertu duquel la colonie demande aux citoyens, dans l'intérêt public, non seulement une contribution en argent ou en nature, mais même un concours personnel n'est-il pas admis par les législations européennes ? A plus forte raison, cet impôt doit-il être considéré comme légitime dans un pays neuf, où tout est à créer, sans autres ressources que celles qu'on peut tirer de la population indigène elle-même.

Certes, l'impôt en travail, comme tout impôt, ne doit absorber qu'une faible partie de l'activité individuelle ; il doit servir uniquement aux besoins du gouvernement, être en rapport avec les bienfaits que les contribuables en retirent ; il doit enfin pouvoir se concilier avec le principe de la liberté individuelle.

D'autre part, l'obligation du travail, si elle n'est pas excessive et si elle est appliquée d'une manière équitable, aura l'avantage d'être un des agents les plus efficaces de la civilisation.

En effet, l'indigène livré à lui-même, malgré tous les efforts réalisés pour l'instruire, continuera fatalement à vivre dans l'état primitif. On en a la preuve évidente dans la situation des indigènes, même dans le rayon d'action des missions catholiques. Que d'efforts, que de dévouements ont ont été dépensés en vain par Mgr Augouard, Mgr Adam, le R. P. Rémy et tous les missionnaires qui les entourent ! Les renseignements et les exemples ne suffisent pas. C'est malgré lui que l'indigène doit, au début, être amené à secouer son indolence et à s'améliorer. Une loi qui imposerait à l'indigène un léger travail régulier est le seul moyen de lui en donner l'habitude. Civiliser une race, c'est s'attacher à modifier son état économique et social, son état intellectuel et moral : c'est supprimer des idées, des mœurs, des coutumes que nous désapprouvons pour y substituer des idées, des mœurs et des habitudes qui sont nôtres ou se rapprochent des nôtres ; c'est en un mot, se charger de l'éducation d'un peuple. Or, toute éducation, entraîne nécessairement des restrictions à la liberté qui n'est jamais absolue, même — nous pourrions presque dire *surtout* — en pays civilisé.

En Europe, des gens qui n'ont jamais voyagé, égarés en plus par de fausses théories humanitaires, ont protesté avec véhémence contre le portage. Sans doute, grâce au merveilleux réseau fluvial dont est doté le centre de l'Afrique, la plus grande partie des transports peut s'effectuer par eau. Mais dans les régions qui ne sont arrosées par aucun cours d'eau, les bêtes de somme faisant défaut, le seul moyen de transport, c'est l'homme lui-même. L'explorateur, pour parcourir le pays, le commerçant pour y introduire ses marchandises, l'administration pour ravitailler son personnel, transporter son matériel, expédier des produits comme le caoutchouc et l'ivoire, n'ont d'autre ressource que d'organiser le portage.

Incontestablement, le portage épuise les malheureuses populations qui y sont assujetties et les menaces d'une destruction partielle. C'est pourquoi, en attendant que l'Etat comprenne son devoir et construise des chemins de fer, il importe d'atténuer le caractère écrasant du portage en évitant que cette corvée retombe toujours sur les mêmes villages et sur les mêmes individus. Et, à cet effet, il serait nécessaire que les Européens surveillent eux-mêmes le recrutement et qu'ils ne se fient pas à leurs sous-ordres noirs qui se laissent trop facilement corrompre. Il va de soi que les personnes faibles, malades ou infirmes doivent être, en tout cas, exemptées du portage.

En présence des ravages qu'exercent les épidémies de variole et la maladie du sommeil, un simple devoir d'humanité envers les populations, non moins que le souci de sauvegarder l'avenir de la colonisation, nous commandent de ne pas nous désintéresser des travaux accomplis par nos savants au cours de ces dernières années. Mais ce serait une erreur de croire que l'étude du terrible fléau date de la mission du sommeil. Bien avant l'arrivée de M. Roubaud et des deux jeunes médecins envoyés par le ministère des colonies et la Société de Géographie, le savant docteur Allain et M. de Goyon avaient étudié les ravages de la mouche tsé-tsé et trouvé, en partie, les moyens les plus propres à la combattre. Et ce sont leurs observations préliminaires qui ont permis à M. Roubaud de tirer des conclusions pratiques fort intéressantes.

Tout le monde sait aujourd'hui que le microbe de la maladie du sommeil est le trypanosome ; il est propagé par les mouches tsé-tsé. Ces mouches, de belle taille, ressemblent assez à celles de nos contrées, si ce n'est que de leur tête émerge un dard puissant. Les tsé-tsé s'infectent elles-mêmes qnand elles piquent un indigène déjà atteint de la maladie. Qu'elles piquent un autre individu jusqu'ici indemne et voilà ce dernier atteint lui aussi.

Le malade d'abord n'y prend pas garde : la première période de l'affection ne présente, en effet, qu'un caractère assez bénin. Sans doute le sujet est peu déprimé : il est fiévreux, mais il n'attache pas une grande importance à ce malaise si fréquent dans les pays tropicaux. Par malheur, survient ensuite la seconde et dernière période : le malade s'anémie de jour en jour, à tel point qu'il ne peut plus se traîner. Un sommeil le gagne, un sommeil invincible. Il

tombe dans une sorte de léthargie qui est le vestibule de
la mort.

Ce mal terrible a fait, au cœur de l'Afrique, des ravages
considérables. Des villages ont été décimés par le fléau.
Après s'être attaqué aux noirs, il a fait des victimes parmi
la population blanche. On comprend donc l'urgente nécessité d'enrayer la marche de la maladie. Il y aurait un moyen
énergique qui consisterait à tuer les mouches transmetteuses.
Mais ce moyen est difficilement applicable, car ces mouches
pullulent au bord des marécages et il est impossible de les
pétroliser complètement. « Ce qu'il faut, avant tout, nous dit
M. Roubaud, c'est leur interdire l'accès des points où, jour-
nellement et à poste fixe, elle peut se gorger du sang des
indigènes. Ce sont là, en effet, les endroits dangereux, ceux
où se créent les foyers épidémiques, où les mouches iront
s'infecter à coup sûr et pourront ensuite colporter le mal
aussi bien dans le voisinage immédiat du gîte qu'à une certaine distance, en suivant les cours d'eau. »

Le traitement à employer contre le fléau, avec un certain
succès, c'est l'*atoxyl*, dont on se sert déjà contre l'avarie.
Mais il convient de n'administrer ce composé arsenical
qu'avec beaucoup de prudence ; car de trop fortes doses
amènent des troubles visuels et peuvent même provoquer
la cécité. Mais quoi qu'il en soit, l'*atoxyl* produit de bons
résultats, d'autant plus que la maladie est très longue à soi-
gner et qu'il y a à craindre des rechutes possibles. Un malade ne peut pas se dire guéri sans avoir une convalescence
d'au moins six mois.

Les services sanitaires de la colonie sont tout à fait insuffisants. Un médecin major des troupes coloniales exerce,
sous l'autorité du gouverneur général, la direction des services et l'administration, faute d'argent, n'a pu organiser le
service hospitalier. Elle ne possède qu'un hôpital à Libreville, et des stations à Loango, N'Jolé, Brazzaville, Carnot et
Bangassou. Et ce n'est pas tout-à-fait à tort que Mgr Augouard, qui est depuis trente ans au Congo, a pu dire : « Le
noir voit bien qu'on lui demande toujours et sous toutes les
formes ; mais jusqu'à présent il n'a rien vu des avantages

que la colonie aurait dû lui donner en retour des territoires
concédés plus ou moins bénévolement à la France. C'est à
ce point que des variolés et même des cadavres sont restés
exposés pendant des semaines le long des chemins de Brazzaville et à proximité des maisons des Européens. Pas d'hôpital pour les blancs, pas d'infirmiers pour les noirs, pas de
lazaret pour recevoir les malheureux atteints de la variole,
dysenterie, etc. Là encore c'est la Mission qui a dû se dé-
vouer et recevoir dans son hôpital les malheureux noirs
abandonnés qu'on va recueillir dans un hamac le long des
rues et auxquels on donne les soins nécessités par leur
triste état. Cette charge ne devrait-elle pas incomber à l'administration, en retour des impôts qu'on veut exiger des
noirs ? »

Je dois à la vérité de déclarer que je n'ai rien vu de semblable pendant mon séjour à Brazzaville. Malgré de très
faibles ressources, le service était fort bien organisé, grâce
aux soins du docteur Allain. Il n'en est pas moins vrai que
durant la période à laquelle Mgr Augouard fait allusion
(1898-1903), il s'est passé des faits profondément regrettables
et peu dignes de la France. Avant tout, la création d'hôpitaux à Brazzaville, à Bangui, au Tchad, de postes sanitaires,
dans les principaux centres, s'impose d'urgence. Ce n'est
pas *dix*, mais *quarante* médecins qu'il faudrait au Congo.
Les services de l'assistance indigène restent à créer de
toutes pièces après un quart de siècle d'occupation !

Si nous voulons voir se développer les nombreux éléments
de richesse du pays, il est indispensable que la métropole
y donne un appui efficace et que l'administration y collabore
directement. Il ne peut s'agir ici d'une intrusion dans les
affaires de l'agriculture et de l'industrie; les faveurs, les
encouragements, les subventions, la direction bureaucra-
tique dont nous avons tant usé ailleurs seraient des aides
décevantes. L'administration doit à une jeune colonie un
concours plus limité, mieux défini, mais cependant effectif.
La première et la plus essentielle c'est de garantir la sécurité. Sur ce point, on a peu de reproches à lui adresser.
Cette situation satisfaisante ne tient pas au nombre de

troupes que nous entretenons. Les postes sont très faibles, très espacés et, pendant longtemps, les repressions exercés à la suite de révoltes ou de massacres d'Européens ont été tout à fait insuffisantes. Depuis deux ans, on s'est avisé de pehser, non sans raison, que nous avions le devoir d'assurer la reconnaissance de notre suprématie et d'occuper nos territoires à l'aide de forces militaires plus puissantes que celles qui s'y trouvent.

En 1906 on a envoyé de Dakar une compagnie de tirailleurs sénégalais. En 1907 cette unité a été maintenue et des crédits supplémentaires ont été accordés pour son entretien. Enfin le budget de 1908 a consacré la nouvelle organisation militaire.

Nous estimons que le résultat obtenu est encore très insuffisant et qu'il y a lieu d'aller beaucoup plus loin dans cette voie nouvelle.

Afin de pouvoir échelonner les charges financières qui résulteront de l'accroissement des effectifs et de faciliter le recrutement en Afrique Occidentale, dont se composeraient les nouvelles unités, on pourrait adopter les mesures suivantes :

Dès cette année trois compagnies d'infanterie indigène à effectifs renforcés seraient créées. La dépense ne s'appliquerait d'ailleurs qu'aux six derniers mois de l'exercice, et les crédits démandés seraient calculés en conséquence.

La réalisation de ce plan se continuerait au cours des années 1909 et 1910. Le projet de budget de 1909 comprendrait la formation de deux autres compagnies et la réorganisation des 14 compagnies existant en 4 bataillons. Enfin celui de 1910 porterait à 16 le nombre des compagnies stationnées au Congo.

Si le gouvernement avait créé beaucoup plus tôt des postes militaires nous aurions pu nous assurer des débouchés qui nous manquent, notamment tout le bassin de Sanga. Illusionnés par les succès de Brazza et de Gentil nous avons confondu *pénétration* et *occupation*. On a pensé que la seconde était faite, quand l'exploration du pays n'était pas achevée et, il y a neuf ans, un ministre n'a pas hésité à concéder des régions totalement inconnues !

Reconnaissons loyalement notre erreur et préparons-nous à la réparer. En Afrique Occidentale, il y a 1 fusil par 850 habitants et 190 kilomètres carrés. A Madagascar, on compte 1 fusil par 223 habitants et par 53 kilomètres carrés. Ne sommes-nous pas en droit de demander à la métropole les mêmes sacrifices? Dans un avenir peu éloigné, nous devons avoir au Congo dix mille hommes de troupe, c'est-à-dire 1 fusil par 1000 habitants et par 180 kilomètres carrés.

Mais quand nous aurons satisfaction sur ce point, comment organiserons-nous les diverses régions? Des règles uniques seront-elles appliquées, ou bien chercherons-nous à ne pas nous mettre en désaccord avec les organisations sociales? Comment l'impôt sera-t-il perçu? Quelle en sera l'assiette? Quel en sera le taux? Quel outillage économique donnerons-nous à une colonie qui en est totalement dépourvue? Quels seront les moyens prévus? La métropole augmentera-t-elle la subvention versée au budget général? Autorisera-t-elle un emprunt? Voilà des problèmes importants et qui doivent s'imposer à l'attention du Parlement. Ce n'est que lorsque nos législateurs les auront résolus que nous pourrons faire œuvre utile.

Dans un pays si vaste, dépourvu de lignes télégraphiques, où les communications postales sont si lentes, la décentralisation s'impose. Le gouverneur général ne doit pas compliquer les questions en voulant les trancher, mais il a le devoir de définir les pouvoirs des lieutenants gouverneurs, d'étudier les projets d'ensemble, d'imposer l'unité dans la diversité et d'assurer enfin un contrôle rapide.

Une organisation idéale laisserait aux autorités locales le soin d'appliquer, non pas à la lettre, mais suivant les besoins régionaux, les idées préconisées en conseil de gouvernement. Dégagés ainsi des détails, le gouverneur général et les lieutenants gouverneurs pourraient étudier sérieusement les projets d'ensemble que l'on ferait connaître aux Européens, fonctionnaires et colons, de façon à créer une opinion consciente des intérêts généraux. Bref, il serait à souhaiter que ceux qui continueront l'œuvre de M. Gentil, sachent, à son exemple, gouverner au lieu d'administrer la colonie, au jour le jour.

Dans la déplorable période qui va du début de notre occupation à 1903, les administrateurs abandonnés à eux-mêmes, n'avaient pas d'attributions définies et dirigeaient leur province suivant leurs idées personnelles. Faut-il dire qu'on a eu à déplorer toutes sortes de mesures invraisemblables ? Le décret du 11 février 1906 est venu heureusement remédier à tout cela. Il a été, en outre, le premier pas dans une voie de décentralisation qui doit être suivie.

Dans une nouvelle organisation, on devra mettre à bref délai à la tête du Moyen-Congo, non un administrateur, mais un lieutenant-gouverneur. On devra aussi créer des régions, dirigées par des administrateurs titulaires ou des officiers qui auront des attributions et des responsabilités et ne se contenteront plus d'être, comme par le passé, de simples agents d'exécution, de contrôle ou de transmission. Trop longtemps, par mesure d'économie, les chefs de régions ont été des administrateurs adjoints ou des officiers subalternes ne possédant pas légalement des pouvoirs que, par la force des événements, ils étaient obligés d'exercer.

L'organisation des pouvoirs locaux autonomes paraît encore insuffisante et vu, notre situation spéciale, il serait bon de diviser le Congo en trois zones distinctes, correspondant à l'état de notre autorité : une zone administrée ; une zone d'influence ; une zone insoumise.

Chaque année, d'après les rapports des administrateurs, les lieutenants gouverneurs délimiteraient les périmètres variables de ces zones qui auraient des législations différentes. Il est bien évident que les articles de l'arrêté sur l'indigénat (avril 1908) qui concerne la sorcellerie, l'ivresse, le tapage, la non-déclaration des maladies contagieuses etc... n'existeraient pas dans la zone d'influence où il serait mauvais de heurter, de prime abord, les coutumes indigènes.

Grâce à cette division, toute mesure prise serait graduée, adaptée aux conditions locales et, par la suite, deviendrait réellement applicable.

Nous avons dit plus haut ce que nous pensions de l'impôt

de capitation par village, nous n'y reviendrons pas, mais nous estimons que pour éviter bien des critiques, pour ne plus entendre dire « que le noir ne connaît de la civilisation que la douane et les coups de fusil et, qu'en conséquence il ne faut pas trop lui reprocher de ne pas courir après de pareils bienfaits » comme aussi pour légitimer aux yeux des indigènes la perception de l'impôt, il serait bon de verser une partie des recettes à des caisses locales, destinées à parer aux frais des dépenses de la province : routes, constructions diverses, améliorations de voies fluviales etc... Un des reproches faits à la perception de l'impôt indigène est qu'il ne sert actuellement qu'à des besoins généraux ignorés du noir, pour la seule raison qu'ils ne sont pas tangibles. Cette critique ne manque pas de vérité et l'on doit reconnaître que ce n'est pas toujours dans les régions qui paient le plus d'impôt qui se font les plus fortes dépenses.

La constitution des caisses provinciales apparaît d'ailleurs comme la conséquence logique de la décentralisation que nous préconisons.

Tout ce système administratif nous apparaît souple et perfectible. On ne peut lui faire qu'un reproche, c'est que différentes autorités, celles de l'armée et de la justice notamment, ne soient pas suffisamment subordonnées au gouverneur général. On a vu jadis le scandale de militaires et de magistrats intriguant contre leurs chefs, et ces fonctionnaires, au lieu du châtiment que méritait leur insubordination, ont reçu de l'avancement. On parle de réorganiser la magistrature coloniale et les pouvoirs militaires sont nettement définis — ce qui évitera désormais tout conflit. Il serait inadmissible, en effet, qu'on ne ramène pas dans la main du gouverneur général la haute influence sur tous les services sans exception.

L'œuvre qui fait le moins d'honneur à notre administration, c'est celle de la justice. Pendant longtemps nous ne nous sommes guère occupés des colons et nous avons forfait à notre tâche à l'endroit des indigènes. M. Gentil, comprenant mieux sa mission que ses prédécesseurs, avait constitué des tribunaux qui pouvaient assurer une équitable distribution de la justice. D'après le décret du 17 mars 1903, le service devait être assuré : 1° Par un tribunal supérieur établi à Libreville ; 2° Par des tribunaux de première instance (Libreville et Brazzaville) ; 3° Par une cour criminelle, siégeant, suivant les circonstances, au Gabon ou au Moyen-Congo ; 4° Par des justices de paix à compétence étendue. La justice indigène assurait, en outre, aux populations locales le maintien des traditions qui leur sont propres et pas en contradiction absolue avec les principes du droit français.

Faute de ressources suffisantes, les juridictions indigènes ne sont pas encore organisées, à l'heure actuelle et, pendant les premiers mois de cette même année, il n'y avait que deux magistrats de carrière en service au Congo. L'un, présidait avec beaucoup d'autorité, le tribunal de Brazzaville ; l'autre, juge de paix à compétence étendue, était procureur par intérim au même siège. A Libreville, par exemple, c'était un agriculteur éminent, directeur du Jardin d'Essai et qui, à ce titre, a rendu des services signalés aux colons du Gabon, qui rendait la justice. A N'Jolé, à Ouesso, à Bangui, dans toutes les justices de paix à compétence étendue, prévues par le décret de février 1906, aucun titulaire n'occupait l'emploi.

Quand les magistrats de carrière sont absents ce sont les administrateurs qui remplissent les fonctions de juges.

Il est à peine nécessaire de signaler les inconvénients qui peuvent dériver de ce cumul. Malgré tout leur désir de bien faire, les représentants de l'administration ne peuvent acquérir une connaissance approfondie des lois civiles et répressives. Il leur manque cette formation première, si précieuse dans toute fonction. Il a donc fallu donner aux seuls tribunaux de Libreville et de Brazzaville la connaissance des affaires civiles et des affaires répressives les plus importantes.

On voit immédiatement les conséquences fâcheuses de cette centralisation, en vertu de laquelle la compétence du tribunal de Libreville ne s'étend qu'au Gabon et celle du tribunal de Brazzaville au reste du territoire. Les déplacements que cette situation entraîne pour les Européens cités en justice ne vont pas sans une grande perte de temps et des frais considérables. Nous n'ignorons pas qu'une des particularités les plus originales de la juridiction supérieure, est que les justiciables ont le pouvoir de recourir à la procédure sur mémoire, et que la présence des parties, même en matière correctionnelle, n'est pas obligatoire. Cette innovation montre le souci d'instituer une organisation appropriée aux nécessités locales, mais elle favorise, par contre, trop d'abus, pour être considérée comme définitive. En l'état des choses, mener à bien un procès, même pour un magistrat de carrière, est chose à peu près impossible. Avant que les pièces, les témoins et les prévenus soient réunis au siège du tribunal, plusieurs mois, des années même, se passent. En attendant, les blancs rentrent en Europe, les noirs deviennent introuvables, les souvenirs s'effacent, les faits se transforment en légende. Aussi, arrive-t-il fréquemment que les juges, ne pouvant se former une conviction suffisante, rendent un non lieu ou acquittent, faute d'éléments d'appréciation, d'autant plus qu'à cause précisément de l'éloignement, il leur est impossible de faire des constatations personnelles et de procéder à des suppléments d'instruction.

Dans un autre ordre d'idées, les juges ne devraient jamais perdre de vue que, malgré les progrès réalisés, les indigènes de l'Afrique équatoriale sont encore, en grande majorité, des sauvages. Il a fallu vingt siècles pour faire de la Gaule du temps de César, la France actuelle, et si nos ancêtres étaient, aux yeux du conquérant romain, des « barbares », on peut, croyons-nous, sans témérité, dire que c'étaient des gens civilisés, si on les compare aux cannibales qui peuplaient le Congo à l'époque où nous en avons pris possession.

Dans des conditions telles, il est impossible que notre législation ne rencontre pas fréquemment, dans l'application, des obstacles insurmontables. De là, ces contradictions entre le droit et le fait, de là ces infractions que les tribunaux devraient punir, mais en accordant à leur auteur le bénéfice des circonstances atténuantes.

Les tentatives faites pour développer l'instruction publique ont échoué misérablement et les instructions données par

le ministre pour « que le développement des écoles profes-
sionnelle suive celui de notre occupation administrative »
n'ont pas été entendues.

L'enseignement officiel n'existe pas encore et avant de
l'avoir créé, nous avons eu le tort de supprimer les subventions aux missions chrétiennes — catholiques et pro-
testantes — qui instruisaient plus de 4000 élèves dans
52 écoles. Ces chiffres permettent d'affirmer que si les indigènes se sont, au début de notre occupation, montrés réfrac-
taires à toute idée d'enseignement, ils commencent à comprendre la nécessité de l'instruction dans leurs rapports
journaliers avec les blancs. Cette heureuse tendance tient,
en partie, à la part de plus en plus large accordée par les
missions à l'enseignement technique. Pour se mettre en
conformité avec les principes de laïcisation propagés par la
métropole, le conseil du gouvernement a prévu un crédit de
12,000 pour l'établissement de l'enseignement laïque à Libreville. Enfin, dans le Moyen-Congo deux agents chargés de
cours d'adultes reçoivei.* une indemnité de 1200 francs.
Tout en se conformant aux ordres donnés par le ministre, il
aurait été peut-être prudent, avant de supprimer d'un trait
de plume toutes les écoles libres, de s'assurer des ressources
suffisantes pour remplacer l'enseignement congréganiste
par l'enseignement laïque. Si nous ne créons pas, en effet,
des écoles en quantité suffisante, l'œuvre de la civilisation
sera très certainement retardée. Qu'on ne l'oublie pas, ce
qui scelle la supériorité d'un peuple sur un autre, le cachet
qui marque la soumission définitive, c'est la langue du
vainqueur adoptée par le vaincu.

Les travaux publics n'ont pas été jusqu'ici très importants ;
cependant l'on s'en occupe. A Brazzaville on a construit ré-
cemment deux maisons démontables en bois, destinées au
lieutenant-gouverneur du Moyen-Congo et au chef de cabi-
net du gouverneur général ; une maison à étage pour la mission de la maladie du sommeil ; un atelier destiné au service des travaux publics ; à Bangui, on a édifié deux cases
démontables en bois et quatre petites maisons en brique.

Pour faciliter la navigation, on a essayé de dégager l'Alima et la Tomi d'une partie des arbres tombés dans leurs lits.

Au point de vue de l'amélioration des voies et des moyens de transport il y a à signaler : 1° Les travaux dirigés par le lieutenant Poupard pour ouvrir une piste le long de la frontière espagnole ; 2° ceux de la société du Haut-Ogoué qui, après avoir posé un monorail long de 3 kil. 300, destiné à assurer les transports à travers l'île d'Alembé, à entrepris la construction d'une route de 50 kilomètres avec ponts en fer, le long de l'Ogoué ; 3° les tentatives faites sur le Niari-Kouilon pour utiliser les moto-canots ; 4° la mise en service dans le Bas-Ogoué et la Ugoumé du vapeur *Mandji*, des Chargeurs Réunis ; 5° la mise en service par les Messageries Fluviales de deux bateaux ; le *commandant Lamy* (150 tonnes) et le *gouverneur général Ballay* (200 tonnes), éclairés à l'électricité : 6° le lancement de deux vedettes destinées à assurer les communications entre Ouesso et Bania aux eaux basses.

Deux lignes télégraphiques ont été construites de Bangui à Zingua, à l'embouchure de la Lobaye, et de Libreville à Ekododo (Mouny).

Malheureusement nous sommes obligés de constater à regret que, par suite des très faibles moyens utilisés, nous n'avons pu au cours des trois dernières années arriver à construire les 800 kilomètres destinés à relier Bangui à la ligne de l'Etat indépendant passant par Irebou ; de constater aussi qu'entre Libreville-N'Djolé, Libreville-Loango et Loango-Brazzaville les communications sont très intermittentes. Faut-il citer un exemple typique ? un câblogramme adressé de Brazzaville au président du Conseil des ministres en mars dernier, n'est parvenu place Beauvau que sept semaines plus tard, alors qu'une simple lettre lui serait arrivée, moins d'un mois après sa mise à la poste !

Un grand programme de travaux publics a été conçu et si le Parlement autorise un emprunt, avec la garantie de l'Etat, son exécution mettra définitivement en valeur le Congo. C'est une vaste et belle colonie où la nature a semé la richesse à profusion, et il s'agit de savoir, à l'heure présente, si cette richesse demeurera inutilisée faute d'avoir des moyens de la transportér là où elle peut être consommée, là où elle peut trouver des marchés... Que vaut un produit, quand on ne peut pas le transporter aux points où il peut être livré à la consommation ? Que valent des forêts pourvues d'essences de premier ordre, riches en lianes et peuplées d'éléphants, si le caoutchouc et l'ivoire ne peuvent être expédiés au port d'embarquement, faute de moyens de transport? Que valent des terres fertiles? Que sert-il d'avoir dans le Moyen-Congo et l'Oubangui des usines de toutes sortes, s'il est impossible d'en assurer l'exploitation ? N'est-ce pas un instrument de développement économique que les chemins de fer ? C'est également un instrument de défense, car c'est doubler les forces que nous avons sous la main que de pouvoir les transporter rapidement où le péril peut naître. Et comme on comprend bien la pensée qu'exprimait, d'une manière bien caractéristique, sir Walter Egerton, gouverneur de Lagos et commissaire de la Southern Nigeria, dans un banquet qui lui était offert à Liverpool : « Si vous me demandez, disait-il, en quoi consiste ma politique, je vous dirai : ouvrir des voies de communication, et si vous me demandez des renseignements complémentaires, je vous répondrai : En ouvrir plus encore ».

Seule, parmi toutes les colonies françaises de quelque importance, notre Afrique équatoriale n'a point de chemins de fer, et on se demande comment la métropole a pu concevoir son développement sans songer à la doter de voies ferrées qui suppléent aux routes fluviales et les complètent.

Les progrès de l'Etat indépendant n'ont été possibles que grâce à l'ouverture du chemin de fer Matadi-Stanley Pool, construit par les Belges avec l'aide de nos capitaux, de nos ingénieurs et de nos Sénégalais. Si nous voulons comprendre nos devoirs, nous ne devons pas hésiter à faire les sacrifices nécessaires pour commencer un chemin de fer au Nord, construit par la colonie sur fonds d'emprunt et pour concéder à l'entreprise privée le chemin de fer du Sud qui permettra d'exploiter les richesses cuprifères de Mboko-Songo et de Mindouli, tout en assurant l'exploitation du bassin de Niari Kouilou et le transit du Moyen-Congo.

Dans la première partie du chemin de fer nord, la direction

générale pourrait être : Libreville, le moyen Como, la moyenne Abanga, le moyen Okano, Kandjama où l'on traverserait l'Ivindo. Ce premier tronçon serait l'émissaire naturel de tout l'éventail formé par les affluents de l'Ivindo : Karagoua, Djouah, Ndjadié, sur lesquels la navigation est facile. Pour le second tronçon, il est vaisemblable qu'on aurait intérêt à éviter la cuvette lacustre formée par les affluents de l'Ivindo et à se tenir dans le voisinage de la ligne de partage des eaux, qui sépare les bassins du Dja (Ngoko) et de la Likouala-Mossaka, de façon à atteindre la Sanga à hauteur d'Ikélemba, après avoir traversé le Bakota. Plus tard, on pousserait la ligne jusqu'à l'Oubangui qu'elle pourrait atteindre à Desbordeville. Là, dans vingt-cinq ou trente ans, elle se raccorderait à la voie ferrée venant de Fort-Archambault par les vallées de la Fafa et de la Mpoko.

Dans le sud les résultats donnés par les explorations minières autorisent à penser qu'un chemin de fer allant de Mindouli à la côte, s'imposera le jour où l'on voudra sérieusement exploiter ces mines. Le tracé préconisé par le capitaine Mornet, ayant comme point de départ, Pointe-Noire, empruntent la vallée de la Loëmé, la moyenne et la haute Loudima, atteignant Mindouli et se prolongeant jusqu'à Brazzaville, paraît rationnel. Cette voie ferrée aurait environ 500 kilomètres.

Dans le même programme, un chemin de fer à voie étroite a été conçu en vue de la suppression du portage, entre Fort-Sibut et Fort-Crampel. L'étude du terrain a été faite par les capitaines Thomasset et Allegre. La longueur du tracé est de 168 kilomètres. Son devis de construction, calculé par le capitaine Dujour et rectifié par le service des travaux publics, sera d'environ neuf millions.

Il est indispensable de relier par voie télégraphique les postes de Liranga, Bangui, Fort-Lamy, Bonga et Carnot. La longueur du réseau serait d'environ 4 000 kilomètres pour lesquels on a prévu une somme de 2 500 000 francs.

Les communications télégraphiques entre Libreville et Loango sont constamment interrompues, principalement pendant la saison des pluies. Le fil oxydé par l'action saline de la mer est fréquemment rompu, de sorte qu'il n'est pas rare que les télégrammes mettent quinze jours pour parvenir à destination. Le chef de la colonie en résidence à Brazzaville n'est jamais certain de pouvoir communiquer avec le ministère des colonies, toutes les fois qu'il y a nécessité. Pour remédier à cet inconvénient il serait bon de poser entre Libreville et Loango un câble sous-marin avec atterrissages sur différents postes de la côte. En admettant qu'on prolonge le câble sous-marin jusqu'à Ekodo, sa longueur serait de 452 milles (482 milles avec les atterrissages) soit 900 kilomètres environ.

Il est prévu, dans le programme, que nous présentons une dépense de 2.700.000 francs, en prenant pour base le coût du câble Réunion, Madagascar, Maurice (2.290.000) francs pour une longueur de 980 kilomètres).

Quant aux travaux destinés à l'amélioration des voies navigables, à la suppression des rapides, à l'aménagement des ports, ils ne pourront être accomplis avec l'emprunt très limité que le Parlement semble bien vouloir autoriser à bref délai.

Nous avons fait établir, par régions, la liste des travaux qui seraient indispensables pour donner satisfaction aux nécessités immédiates et nous devons signaler, avant tout, l'utilité qu'il y aurait à améliorer la navigation entre Zinga et Bangui en pratiquant, par la mine, un chenal dans le seuil des roches qui rendent la navigation impossible pendant six mois de l'année. Un travail semblable devra être exécuté dans la Sanga. Nous devons enfin nous préoccuper d'améliorer les ports de Brazzaville et de Loango ; de créer des hôpitaux à Brazzaville et à Bangui et de construire, dans ces deux contrées, des logements pour les fonctionnaires et les services publics. D'autres travaux seront jugés nécessaires par la suite. Pour le moment, l'essentiel est que le Parlement vote le projet d'un emprunt qui n'aura rien d'une aventure.

On a trop hésité, trop temporisé, et si le Congo est resté très longtemps abandonné, il faut en chercher les raisons à la fois dans l'ignorance de nos politiciens et dans le déficit sans cesse croissant de nos budgets. Espérons que la période des tergiversations est terminée.

Jusqu'à ces dernières années on pouvait délibérer, gagner du temps ; aujourd'hui les événements ont décidé, des hommes autorisés ont engagé l'action, et dans cette situation jusqu'à un certain point nouvelle, c'est assurément plus que jamais une nécessité de savoir ce qu'on veut, ce qu'on va faire. Espérons qu'on saura proportionner les moyens qu'on désire employer à l'entreprise qu'on se propose. La plus dangereuse des illusions serait évidemment de s'engager avec des fonds insuffisants mais toujours marchandés avec l'arrière pensée de s'arrêter à mi-chemin, dans une affaire où le succès ne peut être conquis que par un prudent et ferme esprit de suite. L'intérêt d'une de nos plus belles possessions d'outre-mer est en jeu. Que la métropole, mieux éclairée, mette fin à des abus regrettables ; qu'elle dote la colonie d'un outillage économique indispensable à sa prospérité future ; qu'elle lui assure enfin un personnel d'élite, et nous serons tranquilles sur son avenir.

Juin 1908.